Collection du
DiVan

ISBN : 9781723926907

SIGMUND FREUD
SUR LE
DIVAN DU
PSYCHANALYSTE

DU MEME AUTEUR

AUX EDITIONS DU TRICORNE

Psychanalyse, Poésie, Photographie. Le récit d'une introspection (épuisé - réédition prochaine)

The Cure, one hundred songs, the dark side of the mood (épuisé - réédition prochaine)

DANS LA COLLECTION DU DIVAN

Louis Kahn sur le divan du psychanalyste

Sigmund Freud sur le divan du psychanalyste

A PARAITRE PROCHAINEMENT

Un célèbre hollywoodien sur le divan du psychanalyste

JEAN-CHRISTOPHE BETRISEY

Avec l'aimable participation de

THIERRY FRELÉCHOZ

- Psychanalyste IIPB -

SIGMUND FREUD SUR LE DIVAN DU PSYCHANALYSTE

Tenez-vous informé des prochaines parutions sur

Facebook/Collection du divan

Une version ebook de cet ouvrage est disponible chez Amazon

Ce livre est traduit en anglais

Conception graphique : Pascal Milette

TABLE DES MATIERES

Ce livre est une œuvre de fiction, même si les grandes étapes de la vie de Sigmund Freud s'inspirent de faits réels et historiques.

Toutefois, lorsque Sigmund Freud ou d'autres personnages ayant existé apparaissent, les dialogues sont purement fictifs.

Par conséquent, toute ressemblance avec des personnages existants ou ayant existé ne saurait être que fortuite.

« Ainsi reste-t-on toujours un enfant de son temps, même pour ce que l'on considère comme le plus intimement personnel. ».

S. Freud

I

Vienne, jeudi 2 juin 1938

Assis à son bureau depuis plusieurs heures, Sigmund Freud laisse errer son regard avec un air songeur. La situation politique lui pèse, il a peur pour lui-même et sa famille. Il se demande si son exil vers l'Angleterre est suffisamment bien préparé et surtout si la psychanalyse perdurera ?

Il regarde soudainement sa montre et se lève, passe devant ses bibliothèques, effleure le divan et traverse les deux pièces remplies d'antiquités. Il met son manteau et son chapeau. Il ouvre la porte de son appartement au 1er étage, descend les escaliers et se retrouve devant le numéro 19 de la Bergasse.

Comme souvent, il chemine en direction de la Ringstrasse qu'il apprécie tant. Après dix minutes de marche, il s'arrête et allume son habituel cigare. Il reprend ensuite sa route et bifurque rapidement sur la droite pour s'engouffrer dans un immeuble.

Il monte péniblement au 3ème étage, tire sur la sonnette de la porte de gauche et attend. Une employée de maison ouvre et le conduit jusqu'à la salle d'attente. Essoufflé, il s'assied sur une chaise, éteint son « Trabuccos » et patiente.

Au bout de quelques minutes, une porte s'ouvre.

LE PSYCHANALYSTE

Monsieur le Professeur.

FREUD

Bonjour, cher collègue.

LE PSYCHANALYSTE

Je vous en prie, suivez-moi.

FREUD

En se levant doucement.

Merci.

Les deux hommes entrent dans une belle pièce typique de l'époque. Le divan du psychanalyste trône avec au-dessus de celui-ci un cadre contenant la photo de Freud.

Il y a également un bureau, deux chaises, une bibliothèque avec de nombreux livres et plusieurs statuettes antiques.

LE PSYCHANALYSTE

Monsieur le Professeur, prenez place sur cette chaise.

FREUD

Merci.

Freud prend place pendant que l'analyste contourne le bureau et s'installe en face de lui.

LE PSYCHANALYSTE

Quelle ne fut pas ma surprise lorsque vous avez demandé à me voir.

FREUD

Je comprends, d'autant plus que je ne vous ai pas donné la moindre explication sur le but de ma venue.

LE PSYCHANALYSTE

Je vous écoute, que puis-je faire pour vous Professeur ?

FREUD

Comme vous le savez, le climat politique est difficile, certains de nos collègues ont déjà quitté l'Au-
triche, mes livres ont été brûlés et je me demande
d'ailleurs si la psychanalyse survivra à tout cela.

LE PSYCHANALYSTE

Sans vraiment laisser Freud terminer sa phrase.

Naturellement, c'est une question que l'on peut se
poser à notre époque où les pulsions destructrices
s'expriment avec une telle violence. La psychanalyse aura d'autant plus sa place dans le futur !

FREUD

Voyez-vous, cher collègue.

Moment de silence.

Ce qui m'amène, à vous aujourd'hui, c'est justement cette question : qu'en sera-t-il de la psychanalyse dans 80 ou 100 ans ? Nos concepts seront-ils
toujours applicables dans cette société du futur ?

LE PSYCHANALYSTE

Oh, Professeur.

FREUD

Et j'ai besoin de vous pour répondre à mes propres
questions.

LE PSYCHANALYSTE

Moi ?

FREUD

Oui, vous.

LE PSYCHANALYSTE

Comment ça ?

FREUD

J'ai effectivement entendu dire que votre applica-
tion de la notion de neutralité bienveillante était
toute relative et que vous n'hésitiez pas à interve-
nir dans la cure !

LE PSYCHANALYSTE

Très gêné.

Mais... Professeur.

FREUD

N'ayez crainte, cher collègue... Je ne vous associe pas aux dissidents de la psychanalyse !

Je ne recherche pas aujourd'hui à approfondir la règle de la neutralité bienveillante. Je veux des réponses claires et rapides à mes questions. Je ne souhaite pas une analyse comme nous la connaissons depuis bientôt 40 ans !

LE PSYCHANALYSTE

En essayant de flatter Freud.

D'autant plus que votre analyse, vous l'avez faite avec notre Maître à tous !

FREUD

En se tenant la mâchoire et en souriant avec difficulté.

Toutes mes parts d'ombre n'ont pas encore été analysées, je dois bien l'avouer.

LE PSYCHANALYSTE

Il me semble, qu'en effet, il ne nous sera jamais possible d'explorer la totalité de notre inconscient.

FREUD

Eh bien, voyez-vous, c'est exactement le genre de réponse que j'attends de votre part. Je souhaite que vous me bousculiez dans mes certitudes.

LE PSYCHANALYSTE

Mais, je n'oserai jamais.

FREUD

Si.

Mettez mes idées, mes concepts ou encore ma pratique à rude épreuve, ne me laissez pas partir sans avoir répondu à mes interrogations sur le futur.

LE PSYCHANALYSTE

Plus vous me parlez et moins je trouve mes mots. J'accepte cependant que nous empruntions ensemble le chemin du questionnement de l'analyse et que nous fassions sauter quelques écueils !

FREUD

Bien cher collègue, je vous remercie.

Sans attendre, Freud passe à l'essentiel.

J'ai beaucoup réfléchi à cette séance puis j'ai tout abandonné, car rien, de mes théories, ne peut être remis en question.

LE PSYCHANALYSTE

Vous pensez qu'avec moi nous n'allons rien remettre en question ?

FREUD

Etonné par tant d'audace.

Je...

LE PSYCHANALYSTE

Je suis un empêcheur de tourner en rond, c'est vous qui me l'avez confirmé.

D'ailleurs, nous pouvons nous demander si certains concepts seront encore d'actualité en 2020 ?

FREUD

J'ai la nette impression que je vais devoir me défendre.

II

Le cadre

LE PSYCHANALYSTE

Dans le fond, nous pourrions tout effacer et recommencer ?

Et si nous commencions par la question du cadre, ce cadre qui a permis l'émergence de votre pensée ? Si nous l'analysions, c'est-à-dire si nous nous posions la question des conditions d'émergence de votre pensée, et faire une analyse du méta-cadre ? Et si le cadre évoluait, que resterait-il de votre découverte ?

FREUD

Encore plus étonné, à la limite de l'agacement.

Effectivement, il y aura peut-être un changement radical de paradigme, et l'on pourrait se poser la question de ce qui restera de la psychanalyse ?

LE PSYCHANALYSTE

A quoi pensez-vous ?

FREUD

En imaginant une société future, on peut imaginer
un cadre mental bien différent. J'imagine même un
éclatement de celui-ci.

LE PSYCHANALYSTE

Mmmhhh... Que voulez-vous dire ?

FREUD

Comme vous le savez, mes théories ont été dé-
veloppées à un moment de l'histoire et dans un
contexte précis.

Si l'environnement vient à changer, est-ce que la
construction psychique que j'ai élaborée restera la
même?

Pour en revenir à ce que vous disiez, peut-être que
dans le futur, la notion même de péché aura disparu. Que la faute n'existera plus !

LE PSYCHANALYSTE

Une sorte de disparition du cadre, des règles, des limites sociales qui interdisent de faire n'importe quoi et qui garantissent un certain équilibre.

FREUD

Oui, il aura disparu, il n'y en aura plus, les gens feront que ce qu'ils voudront !

Il n'y aura plus de morale, elle aura été remplacée par une notion de liberté individuelle qui est une forme d'égoïsme, une façon de justifier la poursuite effrénée de son plaisir... de son droit au plaisir !

LE PSYCHANALYSTE

Mmhhhhhhh... Poursuivez.

FREUD

Les hommes pourront quitter leur épouse malade et leurs enfants sans que personne ne dise quoi que ce soit !
En fait, l'amour - l'amour de soi s'entend - aura pris le dessus sur l'engagement, la responsabilité, la fidélité et le courage.

LE PSYCHANALYSTE

Au nom de la liberté, au nom de la fin des limites,
il sera interdit d'interdire ! Joli paradoxe.

FREUD

Ce que vous dites est étrange car j'ai l'impression
qu'il sera très complexe d'effacer toutes les limites
qui nous façonnent aujourd'hui.

LE PSYCHANALYSTE

C'est absolument cela, nous envisageons une révo-
lution sidérante avec une absence de limite. Nos
points d'appuis seront transformés en sable, si je
peux le dire ainsi !

FREUD

Vous ne parlez tout de même pas de la totale re-
mise en question du transfert, de l'inconscient, de
la sexualité infantile ou d'autres grands concepts
essentiels de la psychanalyse ?

LE PSYCHANALYSTE

Disons que j'imagine le futur en fonction du pré-
sent. L'inconscient, votre découverte majeure, restera. Par contre, peut-être, sera-t-il différent dans
ses manifestations.

Oui, je comprends. Un peu comme si une tornade était passée et avait détruit tous ces rochers qui font mes théories. Après le passage, il n'y aurait que du sable, ce sable dont je parlais auparavant.

LE PSYCHANALYSTE

Je me souviens avoir récemment lu un ouvrage du psychanalyste franco-suisse Charles Baudouin. Il explique clairement la différence entre une analyse où l'on détruit tous les écueils sur la mer et une analyse qui, bien que plus rapide, ne laisse uniquement que quelques infimes névroses...

FREUD

Ce nom me dit effectivement quelque chose.

Ah oui, ça me revient, nous avons eu une correspondance il y a quelques années. Baudouin est même venu me voir à mon cabinet en 1926. Dans mes souvenirs, il avait beaucoup d'intérêt pour la suggestion.

LE PSYCHANALYSTE

Effectivement mais pas que. J'ai l'impression que la société du futur sera une « société liquide », qui ne tient plus, sans aucun point d'ancrage.

FREUD

Et c'est pour cela que certains se rattacheront à des idéologies.

LE PSYCHANALYSTE

Si vous permettez, Professeur. L'idéologie a cet avantage qu'elle permet à ses disciples de ne pas avoir à penser. Il suffit de suivre les préceptes, les dogmes ou encore la Vérité érigée en absolu pour avoir réponse à tout.

C'est un bel exemple de la pulsion de mort, cette pulsion qui voudrait nous ramener au niveau de tension le plus bas possible. Et comme réfléchir suppose une mise en tension, autant aller chercher des réponses toutes faites.

FREUD

Cette société aura finalement tout dépassé ou tout détruit, c'est-à-dire à l'inverse des valeurs de notre société viennoise d'aujourd'hui.

Triste évolution tout de même.

LE PSYCHANALYSTE

Si la perversion est le négatif de la névrose, alors
nos descendants y seront assurément dans 100
ans ! Dans mes phantasmes les plus fous, j'imagine
déjà les jeunes crier : « No Limit » !

III

La sexualité

FREUD

Quoi qu'il en soit, nous pourrons toujours garder cette notion d'inconscient car c'est le paradigme essentiel qui résiste.

Je ne sais pas comment notre inconscient sera affecté mais il continuera d'exister !

LE PSYCHANALYSTE

Oui, mais certainement sous une forme différente, avec quelque chose d'autre. Nous pouvons même dire que la psychanalyse aura contribué à dissoudre le cadre.

FREUD

En rigolant.

La psychanalyse aura été tellement efficace qu'elle se sera auto-sabordée ou que certains concepts seront mal compris ou réinterprétés !
Dans le fond, j'ai l'impression que nous avons aujourd'hui trop de rigidité !

LE PSYCHANALYSTE

Monsieur le Professeur, il faut bien avouer que le mot « sexualité » est quasiment un gros mot aujourd'hui mais que « sexualité infantile » est une provocation dans notre milieu.

Il faut également avouer que vous avez provoqué beaucoup de polémiques avec ces notions. Vous avez heurté beaucoup de conscience.

FREUD

Je...

LE PSYCHANALYSTE

Hésitant tout de même afin de ne pas trop heurter Freud.

Dans cette société future, les gens pourront nuancer cette affirmation de la « sexualité infantile » et la remplaceront par la « découverte corporelle ».

FREUD

Que voulez-vous dire ?

LE PSYCHANALYSTE

L'enfant découvrira son corps, il aura du plaisir à manger une glace au chocolat, il aura du plaisir à ce que sa maman lui chante une jolie chanson et l'embrasse et il aura du plaisir à être touché.

Prenant un instant de répit.

Ainsi la notion de plaisir, ce qui donne envie de grandir à l'enfant, ce qui le pousse à supporter la douleur, les difficultés, eh bien ce plaisir pourrait être différencié du plaisir que procure l'exercice de la sexualité...

Ralentissant sa voix tout en observant Freud.

Et l'exercice de la sexualité suppose un développement physique et affectif qui nécessite chez l'humain une bonne quinzaine d'années au moins. Donc nommer une étape du développement de l'enfant au travers du prisme de ce que l'adulte va pouvoir exercer comme capacité est un peu particulier.

Ne pourrions-nous pas remplacer cette notion de
sexualité infantile par la notion de plaisir, même si ce
plaisir débouchera ultérieurement sur la sexualité ?

FREUD

Poursuivez.

LE PSYCHANALYSTE

D'une voix hésitante.

Ne pourrions-nous donc pas revoir les différents
stades du développement d'un enfant au travers des
zones de plaisir et de maîtrise qu'il peut éprouver ?

FREUD

C'est-à-dire ?

LE PSYCHANALYSTE

La zone orale serait, par exemple, le plaisir à manger, la possibilité de fermer la bouche ou de l'ou-
vrir.

La zone anale concernerait le contrôle sphinctérien
mais aussi la capacité de l'enfant à se tenir debout,
ce qui nécessite bien plus de muscles et de nerfs
qu'on ne l'imagine.

34

FREUD

En vous écoutant, j'ai le sentiment d'avoir confondu le contrôle des sphincters avec l'érection quand l'enfant apprend à se tenir debout !

LE PSYCHANALYSTE

Il est vrai que pour se tenir debout il est nécessaire de contrôler un certain nombre de muscles qui permettent de se tenir droit. On parle d'érection mais en fait on parle de s'ériger ! Cela concerne la fille et le garçon, car ce n'est pas l'absence du pénis ou sa présence qui fait cette élévation !

FREUD

A l'écoute mais perplexe.

Je vois.

LE PSYCHANALYSTE

Dans tout ce que je viens de dire, pour moi, la notion d'inconscient reste ! Dans le futur, certains poseront l'hypothèse de savoir si, en fait, l'inconscient est plat ? S'il est une étendue et non une profondeur !

Il est vrai que les profondeurs de l'inconscient font irrémédiablement penser à la noirceur qui peuplerait le souterrain et les enfers qui attendraient les pécheurs ou les inconscients !

FREUD

Alors nous en souffririons moins.

LE PSYCHANALYSTE

Oui car il serait un inconscient plus accessible et moins coupable, affreux ou encore terrifiant.

Cet inconscient des profondeurs rappelle qu'il y a Dieu au sommet, nous au milieu et qu'il faut creuser pour aller vers le diable ! Encore cette notion du cadre dont nous sommes imprégnés au gré des époques. On a beau se déclarer athée, cette représentation du monde nous imprègne.

FREUD

En définitive, vous me dites que le Surmoi est à la place de Dieu, le Moi au milieu et nous trouvons enfin les profondeurs avec le Ça.

LE PSYCHANALYSTE

Je veux bien imaginer à l'inconscient une épaisseur
mais pas nécessairement une profondeur ! Il y a
pour moi, dans cette plongée, une forme de culpabilité, une idée de devoir creuser, comme on creu-
serait une mine, avec la crainte de laisser sortir les
divinités chrétiennes.

J'ajouterai à cela la question de ce référentiel reli-
gieux, qui a du sens aujourd'hui mais perdra assurément beaucoup de sa signification dans le futur.
L'idée d'une faute ou d'une responsabilité vis-à-vis
de l'autre sera totalement perdue.

Partons du postulat que l'inconscient est un terri-
toire à explorer, qu'il n'est pas forcément sombre,
vil, coupable ou rempli de monstres ; cela pourrait
donc aider les patients du futur à s'interroger sur
eux-mêmes et à découvrir les capacités, les consé-
quences de ce qu'ils sont et de ce qu'ils pourraient
devenir.

FREUD

Vous engagez-vous dans le thème de la religion ?

LE PSYCHANALYSTE

Disons qu'en naissant, la culture judéo-chrétienne
dans laquelle j'ai été élevé, m'a enseigné que j'étais
pécheur ! C'est incroyable, j'étais à peine né, je
n'avais encore rien fait que j'étais déjà considéré
comme un pécheur !

FREUD

Fort heureusement, le baptême allait vous remettre
dans le droit chemin et vous absoudre de la faute
originelle.

LE PSYCHANALYSTE

Peut-être ne devrions-nous pas parler de la faute
originelle, mais du défaut originel et ce défaut serait que nous sommes mortels !

FREUD

Bien bien.

LE PSYCHANALYSTE

Gardons donc la notion du désir, du plaisir et de la
sexualité car les générations futures, si elles n'ont
plus accès à la transcendance, risquent bien de se
vautrer dans le plaisir.

Tout cela sans limite, par désespoir ou manque d'es-
poir ! Ce qui pourrait les amener à cacher la mort,
à ne plus la penser. Je pense d'ailleurs qu'elles auront tendance à la cacher.

FREUD

Cher collègue, vous avez parfaitement raison.

La religion a totalement étouffé la question de la
sexualité, la réduisant à la fonction de procréa-
tion. Diable, il faut bien refaire les bataillons que
la précédente guerre a annihilés...

Il me semble cependant que chez les paysans, la
sexualité faisait plus partie du quotidien, elle était
reconnue, elle faisait partie de la vie et cela n'a
posé de problème à personne !

Pour nous, c'était sombre, trop bestial, j'aurai dû
dire animal ! Je suis arrivé au mauvais moment de
l'histoire car la sexualité a été rendue sale !

LE PSYCHANALYSTE

Et par conséquent, la névrose, qui vient de la sexualité infantile, l'inconscient et ce qu'il contient a
été assimilé au sexe, quel dommage !

Même si nous sortons du sujet car ce n'est pas ce qui m'amène, je peux concevoir que j'ai traité, non pas des malades mais des gens de la haute bourgeoisie et surtout ceux souffrant d'hystérie.

Je peux espérer que, dans le futur, les stades de la sexualité infantile seront considérés comme le développement corporel de l'enfant. Il ne sera pas nécessaire de mettre le terme « sexuel ».

LE PSYCHANALYSTE

Absolument car l'enfant découvre son corps et ses possibilités. Lorsqu'il marche, il s'érige sans pour autant se prendre pour un phallus. Cela viendra lorsqu'il sera à la puberté, il ou elle pourra se poser la question sur la taille de son phallus ou de ses seins.

FREUD

Voulez-vous me dire que la sexualité naît plus tard, à la puberté ?

LE PSYCHANALYSTE

Ou plus exactement que l'exercice de la sexualité est possible après la puberté ! Avant ce n'est que la découverte du corps et du plaisir que l'enfant peut en retirer, comme par exemple, dans la masturbation.

Au bout d'un certain temps, vers dix-douze ans, le corps se sexue et arrive dans la puberté ! Dans les faits, c'est alors que l'on peut commencer à différencier le corps d'un garçon et celui d'une fille, et c'est au moment où la pulsion arrive, qu'elle balaye tout sur son passage !

Un peu comme la pensée qui émerge par paliers.

FREUD

J'entends cette société future considérer le plaisir comme un beau spectacle !

LE PSYCHANALYSTE

Nos collègues leur expliqueront que jouir est une chose très agréable mais que se réjouir est encore bien mieux !

FREUD

Un peu désorienté.

Ah.

LE PSYCHANALYSTE

Dans le futur, les psychanalystes ne rattacheront plus les symptômes que nous connaissons aujourd'hui à des questions autour de la sexualité !

Je pense que l'on rattachera cela à, par exemple, de la répression intellectuelle ou encore à la répression de certains instincts primaires.

FREUD

Les gens du futur repenseront mes théories, certains réécriront mes livres et d'autres revisiteront totalement la sexualité infantile à la lumière du XXIᵉ siècle !

Un long silence s'installe.

Je n'ose même pas penser au futur du complexe d'Œdipe.

IV

Le complexe d'Œdipe

FREUD

J'ai comme l'impression que nos collègues remettront en cause la question du complexe d'Œdipe. Un peu comme si cela me concernait uniquement.

LE PSYCHANALYSTE

Si vous le voulez bien, je vous propose d'aborder cette question sous un angle, ma foi, un peu étonnant.

FREUD

Ne semblant pas très rassuré.

Je vous écoute.

LE PSYCHANALYSTE

Je résumerais le complexe de cette manière : le père expose le fils et le tue. Il demande ensuite aux bergers de jeter le corps.

N'oublions pas qu'à l'époque, chez les Romains, lorsqu'un bébé naissait, on le posait au sol et son père venait le voir. Si le nourrisson avait une malformation alors le père ne le prenait pas dans les bras et il était déposé sur un tas de détritus. C'est d'ailleurs pour cela que chez les Romains, il n'y avait pas d'handicapés.

Certains iconoclastes font aussi remarquer que le devin avait prédit au père d'Œdipe, Laïos, que s'il avait un enfant celui-ci le tuerait. Il épouse Jocaste dans l'idée de ne jamais lui faire l'amour pour éviter cette issue. Mais celle-ci l'enivre et fait ce qui est nécessaire pour tomber enceinte.

FREUD

Mmmhhhh...

LE PSYCHANALYSTE

C'est donc le père qui pouvait dire si l'enfant pouvait vivre ou non ! Si le père n'en voulait pas, alors on exposait l'enfant, sans le tuer, et il était promis à une mort naturelle et certaine.

FREUD

Et le berger voyant l'enfant pendu, s'en saisit et le fait ainsi vivre...

LE PSYCHANALYSTE

Oui, cela était tout à fait normal et l'enfant a été confié à un autre couple. Plus tard, Œdipe revient, et cette partie nous la connaissons tous parfaitement.

FREUD

Vous supposez la question du passage.

LE PSYCHANALYSTE

Effectivement, il y a la question du passage : Œdipe s'enfuit de chez ses parents après qu'on lui ait annoncé la prophétie, « tu tueras ton père et tu feras l'amour avec ta mère » ! Il s'enfuit donc et dans son voyage il s'enfonce dans un défilé. Proche de la sortie, il rencontre un homme plus âgé qui lui demande de faire marche arrière pour le laisser passer alors qu'ils sont proches de la fin du défilé. Œdipe refuse, l'homme le défie et ce dernier perd le duel.

En d'autres termes, le père ne veut pas laisser grandir le fils ! J'imagine d'ailleurs le fils dire à son père « j'étais avant toi » et le père répondre « je suis le plus vieux, tu dois me céder le passage ».

Mais enfin...

LE PSYCHANALYSTE

Professeur, laissez-moi poursuivre.

Que doit faire le fils ? Tuer le père pour ne pas se soumettre à lui ! En réalité, c'est le père qui s'oppose au fils car il ne veut pas le laisser passer.

Le fils est donc obligé de le tuer pour passer. Il arrive ensuite chez sa mère mais cela il ne le sait pas !

Que pense sa mère ? Puisqu'il est un homme et qu'elle ne veut pas le perdre alors elle s'arrangera pour qu'il lui fasse l'amour, ainsi il n'ira pas voir d'autres femmes !

Osons l'anathème ! Le désir de maternité, de l'exercice de ce pouvoir typiquement féminin chez Jocaste, a provoqué une suite de catastrophes, prédite par le devin. Elle se fait faire un enfant, est veuve, choisit de devenir à nouveau mère avec un homme beaucoup plus jeune.

FREUD

Bien bien.

LE PSYCHANALYSTE

Pour résumer, nous avons un père qui ne veut pas que son fils grandisse et une mère qui ne veut pas que son fils féconde d'autres femmes car elle est la reine !

FREUD

Oh !

LE PSYCHANALYSTE

Vous rendez-vous compte ? Après tout cela, on nous explique qu'Œdipe est coupable, qu'inconsciemment il veut tuer son père pour faire l'amour avec sa mère !

FREUD

Avec ce monde en devenir, nous pouvons imaginer que le complexe d'Œdipe sera vu sous cet angle.

Je me souviens d'ailleurs d'un patient qui remettait en question mes théories. Il prenait l'exemple de son fils, qui à trois ans, voulait faire l'amour avec sa mère et tuer mon patient ! Sa femme expliquait que régulièrement, lorsqu'il était absent, son fils voulait « épouser la princesse » mais qu'au retour de mon patient tout rentrait dans l'ordre !

LE PSYCHANALYSTE

Ne trouvez-vous pas cet enfant bien innocent ? Je n'ai pas l'impression qu'il voulait le tuer ou encore faire l'amour avec sa femme !

Je pense que si je lui avais posé la question, il n'aurait pas compris. C'est certain qu'il aurait volontiers dormi avec sa maman dans son lit mais rien de plus. Il aurait juste voulu se blottir contre papa et maman !

FREUD

C'est vrai, je partage votre avis. D'autant plus qu'il n'en a pas les moyens !

LE PSYCHANALYSTE

Exactement. Et cette possibilité lui arrivera à la puberté. Et que veulent les enfants à la puberté ? C'est justement que les mamans les laissent partir et que les papas ne fassent pas barrage !

FREUD

Ma foi.

LE PSYCHANALYSTE

En fin de compte, et si l'Œdipe ne s'adressait pas aux enfants mais aux parents. L'enfant serait innocent ou juste un enfant !

FREUD

Trop c'est trop...

LE PSYCHANALYSTE

Et la leçon d'Œdipe serait de dire aux pères : « un jour votre fils va vous dépasser, ne cherchez pas à le retenir, il est plus fort que vous sinon c'est lui qui vous tuera ! ».

Et pour vous Mesdames, ce beau jeune-homme ne vous est pas destiné, il est destiné à une autre femme !

FREUD

Je vois le tabou de l'inceste.

LE PSYCHANALYSTE

Après un instant de silence.

Oui, à cause du désir mais je ne suis pas certain que le désir est celui de l'enfant pour sa mère. Par contre, ce n'est pas impossible qu'il soit de la mère sur l'enfant ou la peur du père d'être un jour dépassé.

FREUD

Vous rendez-vous compte de ce que vous avancez ?

LE PSYCHANALYSTE

Dans le futur, cela se vérifiera plus que ce que l'on pense ! Je connais beaucoup d'enfants ou de jeunes-gens qui sont fidèles à leur mère.

FREUD

Nous avons effectivement posé beaucoup de choses sur le dos des enfants. J'ai, peut-être, trop vite parlé de phantasmes infantiles.

LE PSYCHANALYSTE

Oui. Je vois nos collègues du futur se demander si vous n'avez pas cédé devant la pression du groupe, devant la pression sociale.

FREUD

Peut-être est-il difficile de rattacher le complexe d'Œdipe à une période de l'histoire !

LE PSYCHANALYSTE

En somme, nous disons que les adultes sont responsables, ils ne font pas de bêtises alors que les enfants ont tort.

FREUD

Mais alors dans 80 ans, que feront-ils du complexe d'Œdipe ?

LE PSYCHANALYSTE

Je pense qu'ils reposeront le cadre aux adultes en disant qu'il y a certaines choses que l'on ne fait pas avec les enfants. Il y a un interdit et d'ailleurs s'il y a un interdit, c'est bien qu'il y a un désir !

En fin de compte, le complexe d'Œdipe s'adresse aux adultes. C'est une façon de mettre de l'ordre dans le monde psychique : les adultes avec les adultes, les enfants doivent leur obéir, les parents doivent réfréner leurs instincts pour laisser ceux des enfants advenir !

FREUD

J'ai l'impression qu'ils désacraliseront certaines
théories et les remettront dans un autre ordre.

V

Dieu ou Narcisse ?

LE PSYCHANALYSTE

Je crois que l'hypothèse qu'ils retiendront est que l'homme a besoin de croire à quelque chose qui se nomme « transcendance ».

FREUD

C'est vrai que lorsque l'on enlève Dieu, il faut en créer un autre.

LE PSYCHANALYSTE

Absolument ! Et d'ailleurs les Dieux d'aujourd'hui seront remplacés par des dieux dans un domaine totalement autre. Imaginez des dieux dans un stade, grassement payés, à courir après un ballon ! Impensable.

FREUD

Nous avons donc besoin de désacraliser. Après avoir supprimé Dieu, on a mis la psychanalyse à la place, plus tard se seront, peut-être, les sportifs.

LE PSYCHANALYSTE

Les sportifs et le corps, alors nous assisterons à une revanche du corps ! Ce corps mis de côté, ce corps qui n'était qu'un support de la conscience et de la raison, ce corps pourrait bien se venger et vouloir prendre la première place, celle de l'apparence.

FREUD

« Tu vaux ce que tu parais » !

LE PSYCHANALYSTE

Oui. Et si la tentation de demain était de faire du corps de l'homme, un surhomme, un homme augmenté ?

Mais augmenté dans quelle direction ? Celle de la machine ? De l'efficacité productive ? De l'allongement de sa durée ? De l'augmentation de ses performances ?

FREUD

Dans le fond et si le prochain Dieu était simplement l'humain et pas le surhomme ?

LE PSYCHANALYSTE

Et si c'était cela la tâche des psychanalystes de demain. Mettre un peu d'humilité - qui vient d'humus, de la terre - et pas ce délire d'éternité, d'absolu, de perfection, bref cette idée que l'homme s'est fait de Dieu.

FREUD

Mais alors comment nos collègues du futur feront-ils pour rendre l'homme humain, pour lui rendre son humanité ?

LE PSYCHANALYSTE

Et j'ajouterai, lui rendre son humanité avec sa grandeur et sa fragilité ou encore avec sa transcendance et sa mortalité ?

Au vu de l'évolution de notre société viennoise d'aujourd'hui, je pronostique que le problème futur des patients sera certainement une pathologie du narcissisme.

FREUD

Mmmhhhh...

LE PSYCHANALYSTE

Nous pouvons imaginer le problème de l'image ou du but à atteindre. En d'autres termes, l'image de soi avec l'acceptation de sa fragilité et de sa grandeur.

FREUD

Vous me dites donc que les futurs analystes ne seront plus formés aux théories classiques comme l'hystérie mais à des questions plus précises comme le narcissisme.

Et le phantasme du divan de l'analyste. Qu'en restera-t-il de ce divan à l'avenir ?

LE PSYCHANALYSTE

Et si, pour certains, le divan avait remplacé la religion ?

Un peu comme à l'époque de la religion, qui positionnait les croyants face à une croix, avec un officiant qui leur tournait le dos et qui parlait une langue morte, que seuls les initiés connaissaient !

FREUD

Voyons cher collègue...

Outrancier oui, iconoclaste oui, empêcheur de tourner en rond, d'accord, mais vous aussi vous n'avez cessé de vous remettre en question, cependant il est vrai, que c'était de vous à vous.

VI

Le transfert

LE PSYCHANALYSTE

Je pressens nos collègues du futur imaginer que vous ne supportiez pas le transfert érotique que vos patientes avaient sur vous !

FREUD

C'est vrai que je suis analyste mais je suis d'abord homme ! Le divan est une bonne solution pour ne pas y être confronté. D'ailleurs, cette confrontation, je ne suis pas certain de la vouloir.

LE PSYCHANALYSTE

Vous avez donc un côté scientifique évident mais pas un côté... *quelques instants de silence et d'hésitation s'installent...* un côté thérapeutique !

Nos collègues admireront votre côté scientifique mais je ne suis pas certain qu'ils valideront le côté thérapeutique et relationnel !

FREUD

Cette fois, vous allez trop loin. On m'avait dit à quel point vous étiez différent mais là, je n'en crois pas mes oreilles.

LE PSYCHANALYSTE

Le divan permet donc d'isoler l'objet à étudier. La personne présente n'est pas importante, en revanche son inconscient l'est !

FREUD

Vous dites donc que le divan est un dispositif scientifique et non un dispositif thérapeutique.

LE PSYCHANALYSTE

En plaisantant.

Monsieur le Professeur, j'ai une anecdote très amusante à vous raconter au sujet de ma propre analyse. Mon analyste de l'époque m'a rendu deux services. Le premier, il m'a pris en analyse et le second, il m'a jeté à la porte neuf ans plus tard !

FREUD

Vous avez un humour que je partage parfois diffi-
cilement.

LE PSYCHANALYSTE

Encore un effet de mon transfert non-résolu et de
l'idéalisation que je me fais de vous. On ne pardonne
rien à ses maîtres... juste avant de les dépasser !

FREUD

Oh !

LE PSYCHANALYSTE

Ou comme disait Newton, je crois : « Si j'ai vu si
loin, c'est parce que mes maîtres m'ont permis de
me hisser sur leurs épaules de géants ».

VII

Les pathologies du XXIᵉ siècle

LE PSYCHANALYSTE

Imaginez dans 80 ou 100 ans. Il sera complètement impossible d'allonger un patient avec une pathologie du narcissisme sur un divan. Avec la neutralité bienveillante, la violence ressentie sera absolument phénoménale !

FREUD

Avec un sourire en coin.

A ce sujet, je ne m'en étais pas rendu compte mais je constate que nous sommes en face à face ! Je pourrais plus aisément poursuivre allongé sur le divan, même si je présente certainement une pathologie du narcissisme.

LE PSYCHANALYSTE

Je vous en prie, suivez-moi Professeur.

Les deux hommes se lèvent et font quelques pas en direction du divan. Les tapis persans, les bibliothèques bien fournies et les statuettes donnent l'impression de traverser un haut lieu du savoir.

Freud, qui avance doucement, regarde le divan avec attention. Une fois arrivé à sa hauteur, il s'assied quelques secondes puis s'allonge.

Durant plusieurs minutes, aucun mot n'est échangé. Les analystes respectent le silence de l'autre...

Soudainement.

FREUD

Revenons donc à, ce que vous nommez finalement, les pathologies du XXIe siècle.

LE PSYCHANALYSTE

C'est tout à fait cela et je vous propose de revenir à la question du narcissisme ou de l'estime de soi.

FREUD

Et quelqu'un à qui il manque de l'estime de lui-même a une pathologie du narcissisme.

LE PSYCHANALYSTE

Oui et j'ajouterai qu'il devra compenser cette dé-
faillance !

FREUD

Lorsque vous me parlez, j'ai en tête l'image de la
tour de Pise...

LE PSYCHANALYSTE

Que voulez-vous dire ?

FREUD

C'est simplement un moyen d'illustrer cette question. Après avoir entamé la construction, la tour
s'est soudainement affaissée. Les ingénieurs ont
essayé de compenser l'inclinaison pour continuer
jusqu'à une certaine hauteur et ils ont modifié l'ar-
chitecture intérieure.

LE PSYCHANALYSTE

Absolument, nous tenons là, la pathologie du narcissisme. On construit mais la base est faible et
s'incline ! Les fondations ne sont donc pas suffisamment solides et le problème se voit après coup !

FREUD

Ces fondations sont ce que nous pourrions appeler
« la relation primaire »...

LE PSYCHANALYSTE

Oui mais avant Œdipe ! C'est le moment où l'enfant
est accueilli, ce qui compte c'est quel temps, quelle
durée on prend pour lui, comment on lui permet
de transformer ses sensations, ses émotions, bref
tout son vécu pour qu'il puisse se faire à notre
monde, si complexe et parfois si exigeant.

FREUD

Avec ce que nous avons dit auparavant sur les so-
ciétés du futur, nous pouvons effectivement imaginer que cette « relation primaire » sera négligée.

LE PSYCHANALYSTE

Et cela, nous pouvons en avoir peur.

FREUD

Nous devons préparer l'avenir avec nos futurs analystes afin qu'ils expliquent l'importance de ces
fondations !

LE PSYCHANALYSTE

Je crois que c'est à cette période de la vie que les pathologies seront construites.

FREUD

Nous avons sous-estimé le travail des mères.

LE PSYCHANALYSTE

Lorsque j'ai des mères en analyse, je leur fais comprendre qu'elles font un travail extraordinaire car elles construisent des humains !

FREUD

C'est joliment dit.

LE PSYCHANALYSTE

En somme, le narcissisme c'est la valeur que l'on m'a donnée lorsque je ne valais rien !

FREUD

Souriant.

LE PSYCHANALYSTE

Lorsque je ne vaux rien, je vaux déjà tout cela, toute cette attention, ces soins, cette prévenance ! J'ai donc un socle sur lequel construire mon estime de moi.

FREUD

C'est cela, lorsque je ne valais rien, quelqu'un a consacré son temps, son attention ou encore son soin à moi !

LE PSYCHANALYSTE

Et les parents démissionnaires du XXIe ne le feront assurément pas.

Imaginons que les femmes travailleront alors qu'il faudrait leur laisser un temps pour élever leur enfant.

FREUD

Il serait d'ailleurs intéressant de faire une étude selon les pays et selon le mode de garde... (se faisant couper la parole par le psychanalyste)...

LE PSYCHANALYSTE

Je n'aime pas le mot « garde » à propos des enfants car on ne les garde pas, on les élève...

FREUD

Oui les élever dans le sens littéral à savoir les faire grandir, les humaniser.

Je pense que nous aurions des pathologies ainsi qu'une santé mentale très différentes d'une société à l'autre.

LE PSYCHANALYSTE

Il est difficile de l'imaginer aujourd'hui car nous avons une structure bien établie qui porte tout cela. La mère est tout de même aidée par le personnel de maison, la grand-mère et toute personne vivant dans la maison.

FREUD

Je ne peux m'empêcher de me projeter dans ce futur et entendre certaines mères dire qu'elles souhaitent la maternité sans pour autant changer leur vie !

LE PSYCHANALYSTE

Et dans ce cas, l'enfant serait un plus.

FREUD

Un sorte d'amusette que l'on mettrait dans des lieux rassemblant tous les enfants.

LE PSYCHANALYSTE

On en oublie les besoins fondamentaux. On vendra
des théories libérales sur la nécessité du travail qui
se fera, en fin de compte, au détriment des enfants...

FREUD

Et donc de la construction de notre humanité !

LE PSYCHANALYSTE

Oui.

Nous devons œuvrer afin de ne pas perdre toute
une génération future !

FREUD

Je dirais même, hélas, plusieurs générations ! Certains, peu conscients de leurs actes, reproduiront
le schéma.

LE PSYCHANALYSTE

Les enfants devraient se construire tout seul !
Le narcissisme, somme toute, serait une problématique de la solitude. On devrait construire son
propre narcissisme.

FREUD

Nous verrons apparaître des pathologies plutôt liquides, non-construites, non-consistantes, sans structure.

LE PSYCHANALYSTE

Il est vrai qu'il y a peut-être une confusion autour de la notion de liberté. La liberté, c'est l'espace qui existe entre deux règles.

Pour certains, c'est la suppression des règles et cela donne « être libre c'est pouvoir faire n'importe quoi ».

FREUD

Et celui qui fait n'importe quoi, devient n'importe qui !

LE PSYCHANALYSTE

Oui, on ne serait même plus dans la perversion parce que la perversion c'est le dépassement des limites, c'est franchir la ligne de l'interdit.

FREUD

Et quand il n'y a plus de ligne à franchir qu'arrive-t-il ?

LE PSYCHANALYSTE

Donc, là où il y aurait eu trop de règles, et par conséquent, trop d'occasions de refouler, on promettra une liberté sans limite, sans règle, sans contrainte où seul le plaisir sera roi avec son corollaire, le droit à la jouissance, le droit au bonheur, le droit au droit, mais sans les obligations inhérentes à la vie en société.

FREUD

Mmmhhhhh...

LE PSYCHANALYSTE

Alors votre idée de la structuration du psychisme autour du complexe d'Œdipe, ce complexe nucléaire, ce point de passage qui signifie l'entrée dans la névrose et la sortie des processus primaires avec l'acceptation des limites posées par la communauté des humains, tout cela aura volé en éclat !

FREUD

A vous entendre, il y aura quantité de nouvelles pathologies dans le futur ?

Certaines idées au départ paraitraient même idéales. On créerait de nouveaux idéaux, de nouvelles idoles, des concepts seraient remis au goût du jour et présentés comme une nouveauté absolue, le pouvoir de la science ou encore le pouvoir de contrôler les naissances.

LE PSYCHANALYSTE

Si vous pensez à l'Amour, alors je valide votre intuition.

FREUD

Mmmmhhhhh...

LE PSYCHANALYSTE

Professeur, d'avance excusez mes points de vue, parfois fantasques !

FREUD

Ne dit rien mais sourit.

LE PSYCHANALYSTE

Pour moi, malheureusement, l'Amour est une valeur refuge. On met dans l'Amour une charge qui ne doit pas être assumée mais comme il n'y aura plus rien d'autre, on mettra tout dans ce mot !

FREUD

Vous pensez donc que l'Amour prendra une énorme
place dans le futur ?

LE PSYCHANALYSTE

Oui je le pense. L'Amour sera tellement porteur, tellement idéalisé, il sera une valeur refuge, une sorte
de nouveau Dieu, il fera religion avec les guerres
qui les accompagnent ! On lui attribuera tout ce
que l'on ne pourra pas assumer.

FREUD

Vous disiez auparavant qu'il n'y aura plus rien
d'autre. Vous imaginez donc que l'Amour devra
remplir une mission qu'il n'a, en fin de compte,
pas à porter.

LE PSYCHANALYSTE

Oui, je vous donne un exemple : certains patients
me disent que leurs enfants les énervent et ils s'en
sentent coupables.

FREUD

Bien.

LE PSYCHANAYSTE

Je réponds que c'est tout à fait normal ! Les patients ne comprennent pas et pensent qu'ils devraient les aimer.

Je rétorque que l'on peut aimer ses enfants et les haïr !

FREUD

Votre raisonnement est clair mais étrange. En fait, vous dites qu'en mettant tout dans la notion d'Amour, il faudrait alors supprimer la haine !

LE PSYCHANALYSTE

Oui, on tombe dans une sorte d'Amour totalitaire ! C'est le piège de l'idéalisme et de tous ces mots en « isme », ils sont idéaux, magnifiques, attirants, totaux, fascinants et irréalistes.

FREUD

Comme vous le savez, j'ai pris en compte dans la pulsion de vie et de mort, cette opposition entre l'Amour et la haine.

LE PSYCHANALYSTE

Oh oui et vous avez d'ailleurs tout à fait raison. Je pense simplement qu'au XXIe siècle, la notion d'ambivalence n'aura plus la cote, nous devrons être pour ou contre.

FREUD

Que voulez-vous dire par là ?

LE PSYCHANALYSTE

Il faudra constamment être positif, aimer tout le monde, être dans une forme d'Amour universel que je qualifierai de totalitaire.

FREUD

Effectivement, vous l'avez signalé auparavant. D'ailleurs combien de personnes avons-nous tuées au nom de l'Amour ?

LE PSYCHANALYSTE

Très juste, Professeur.

FREUD

Ne confondrait-on pas l'Amour et le narcissisme avec l'idée que l'on devrait être tout ?

LE PSYCHANALYSTE

Certains jeunes voudront être tout et comme ils ne le seront pas alors ils se penseront rien !

FREUD

« Si je ne suis pas tout, je suis rien » !

LE PSYCHANALYSTE

Ce sera exactement cela le narcissisme totalitaire du futur ! Il faudra tout avoir et particulièrement beaucoup d'argent. Parce qu'on peut le calculer, l'évaluer, le posséder, il sera objectif ! La valeur de l'humain sera basée là-dessus. Et ainsi...

FREUD

Et ainsi, ils ne seront pas sortis des processus primaires comme tout ou rien, le bien ou le mal, etc.

LE PSYCHANALYSTE

Et les processus secondaires apparaissent lorsque la personne arrive à l'ambivalence, c'est-à-dire je peux aimer et haïr.

FREUD

C'est très juste.

Vous me direz, une fois de plus, que j'exagère mais j'ai en question la notion de culpabilité qui émerge.

VIII

La culpabilité au XXIᵉ siècle

LE PSYCHANALYSTE

La culpabilité sera également le mal du XXIᵉ siècle !

FREUD

Avec un sourire en coin.

Vraiment ?

LE PSYCHANALYSTE

Soyons, cette fois, purement logique : la culpabilité suppose une faute et lorsqu'il n'y a plus de règle
alors on ne peut pas être coupable.

FREUD

Cela rejoint assez logiquement ce que nous avons
évoqué auparavant.

LE PSYCHANALYSTE

Oui, il n'y aura plus de culpabilité car il n'y a plus
de faute et tout sera permis au nom de l'Amour !

Ce qui va engendrer une nouvelle logique, une logique basée, non plus, sur un élément extérieur
comme la faute, le péché, le juste ou le faux mais
basée sur l'Amour.

FREUD

Pouvez-vous détailler votre pensée ?

LE PSYCHANALYSTE

Je pense à de l'Amour - puisque je l'aime je peux
tout -, à du sentiment d'amour - si je ne l'aime plus
pourquoi poursuivre - et finalement à de l'amour
de moi - je dois aussi penser un peu à moi -.

FREUD

Donc plus aucune limite.

LE PSYCHANALYSTE

En rigolant.

Et il ne sera même plus possible d'être pervers !

FREUD

En d'autres termes : la mort de la culpabilité !

LE PSYCHANALYSTE

Vrai ! Mais quelle phrase étrange tout de même.

FREUD

Mais pourrions-nous parler d'une forme de néo-culpabilité ?

Nous parlerions alors d'une sorte de culpabilité que nous pourrions appeler la « néo-culpabilité primaire », c'est-à-dire une culpabilité d'être coupable d'être venu au monde.

LE PSYCHANALYSTE

Qui a développé ce concept, qui dit cela ?

FREUD

Mais voyons cher collègue : l'enfant mal accueilli.

LE PSYCHANALYSTE

Je vois... L'enfant mal accueilli se sentirait coupable d'avoir pesé sur son entourage, il s'en voudrait d'être né et d'avoir coûté tant et tant d'attention.

FREUD

Et la « néo-culpabilité secondaire » serait d'avoir fait une faute par rapport à une règle.

LE PSYCHANALYSTE

Pour résumer : la « néo-culpabilité primaire » dirait « mais que fais-je sur cette terre, je ferais mieux de disparaître pour peser moins lourd à mon entourage ».

Cela viendrait des réactions de l'entourage qui serait incapable de faire l'effort nécessaire pour accueillir un nouveau-né, de l'indifférence des individus et non pas d'un raisonnement mais d'un environnement.

La « néo-culpabilité secondaire » serait « mais je ne suis pas à la hauteur ». Le patient s'en voudrait de ne pas être assez bien, assez compétent, assez beau, assez fort, et il ne re-narcissiserait pas suffisamment ses parents.

FREUD

Il y a effectivement de cela.

LE PSYCHANALYSTE

Par moment, j'ai l'impression qu'avec la psychanalyse, nous prédisons de nouveaux Frankenstein ! Et
qu'ils en sont plus proches que ce que l'on pense...

IX

Les technologies du futur

LE PSYCHANALYSTE

Lorsque nous parlons de l'influence de l'environnement, je pense à ces films de James Whale avec ses
robots terrifiants.

FREUD

Pouvez-vous m'expliquer ?

LE PSYCHANALYSTE

Naturellement Professeur. Parfois, j'ai effectivement tendance à ne pas suffisamment développer
mes pensées. C'est d'ailleurs le résultat de mon travail en solitaire, je synthétise absolument tout.

FREUD

Poursuivez.

Je parlais donc des films de James Whale et je pensais plus particulièrement à « Frankenstein » qui a été tourné au début des années 30.

Je vous rappelle qu'Henry Frankenstein, ce jeune savant, voulait créer artificiellement la vie. Pour cela, il façonna un corps humain à partir de morceaux de cadavres. Mais, hélas, au lieu de lui procurer un cerveau sain, son assistant, lui fournit celui d'un assassin.

Ce sont certes, des films qui sortent directement de son imaginaire mais pourquoi n'aurions-nous pas, dans 80 ans, des robots capables de comprendre les humains, d'avoir, cette fois, de l'empathie envers eux ?

FREUD

Effectivement, vous lisez trop de science-fiction ou vous vous adonnez également trop souvent à l'art cinématographique.

LE PSYCHANALYSTE

Que voulez-vous dire Professeur ?

FREUD

Je ne crois pas que les robots auront leur place dans la société du futur ! Cette discussion n'est d'ailleurs pas le but de ma venue.

LE PSYCHANALYSTE

Emprunté devant son maître à penser.

Dans ce cas.

FREUD

Après tout, pourquoi ne pas nous y attarder quelques minutes. Vous devez sans doute avoir, une fois de plus, un point de vue particulier sur cette question !

LE PSYCHANALYSTE

A nouveau confus, ne sachant pas comment comprendre cette remarque.

Effectivement, à la suite de ces films du début des années 30, je me suis dit que nous devions être maître de nos créations surtout quand elles deviennent des créatures !

FREUD

Mmmhhhhh...

LE PSYCHANALSTE

Vous aurez compris, je pense la place de l'humain, de l'humain confronté aux progrès de la science. Je ne peux m'empêcher de voir en cela une nouvelle pathologie du XXIe siècle.

FREUD

J'avais bien compris.

LE PSYCHANALYSTE

Pour en revenir aux robots, j'imagine nos humains du futur s'y attacher de manière non contrôlée. Comment ne pas être fasciné par une machine qui imite l'humain mais sans en avoir les défauts. Patiente, jamais fatiguée, disponible 24 h sur 24, acceptant tout, sans ego, prête à tout, sans aucun jugement.

Je veux dire que les implications pour l'humain pourront être bien diverses comme la tristesse, la colère, la frustration ou encore la confiance en la machine...

FREUD

Et même des projections d'eux-mêmes...

LE PSYCHANALYSTE

Assurément.

FREUD

Vous n'y voyez tout de même pas un partenaire ?

LE PSYCHANALYSTE

Oui et je dirais même plus, un partenaire idéal capable d'intelligence, de répondre, attentionné, à l'écoute développée.

Ma description de cette machine me fait penser à une mère idéale, un environnement enfin totalement à mon service, entièrement dévoué ou dédié à ma personne !

FREUD

Et pas narcissique, lui !

LE PSYCHANALYSTE

Je ne pouvais pas dire mieux que vous, Professeur.

FREUD

Le robot serait un remède à l'humain qui nous a déçu ! Attention à l'idéalisation.

LE PSYCHANALYSTE

L'homme pourrait être puni d'avoir voulu égaler Dieu en créant une créature d'apparence tellement humaine ? Une sorte de clone, de double de lui-même, qui lui éviterait de devoir passer par l'autre pour réaliser son plein potentiel d'être humain ! La tour de Babel n'est jamais loin.

FREUD

Pour utiliser un langage qui m'est propre, je parlerai du désir œdipien de vouloir égaler le Père créateur et la crainte, mais celle-ci existera-t-elle encore, d'en être puni !

LE PSYCHANALYSTE

Et j'ajouterai, angoissé d'être finalement totalement soumis à notre propre création, esclaves de nos créatures !

FREUD

Il y a quelques chose de quasi christique dans cette image de robot !

LE PSYCHANALYSTE

En rigolant.

A quand un robot sur mon divan pour une analyse?

FREUD

Pas vraiment amusé par cette remarque.

LE PSYCHANALYSTE

Dans le fond, ce ne sont pas les robots qui me font peur, mais notre désir pour eux !

FREUD

C'est pertinent, mais revenons au but de ma venue.

LE PSYCHANALYSTE

Naturellement Professeur. Je conclurai cette digression en parlant d'une nouvelle forme de pathologie possible au fait d'avoir associé un robot à des désirs ou à des réalisations inavouables.

X

Psychanalyste au XXIᵉ siècle?

LE PSYCHANALYSTE

Nous allons inévitablement vers des pathologies différentes, nous pouvons donc nous poser la question de la manière dont nos collègues pratiqueront l'analyse.

FREUD

C'est une bonne remarque effectivement.

LE PSYCHANALYSTE

Dans le fond, il y aura ce qui est immuable et ce qui aura changé.

Ce qui est immuable c'est tout logiquement l'inconscient, votre découverte majeure avec la notion d'objet et la notion de pulsion.

Cela reste, même si cela peut heurter notre narcissisme car « je suis conduit par quelque chose que
je ne maîtrise pas forcément ».

FREUD

Eh oui, nous ne sommes pas maître en la demeure.

LE PSYCHANALYSTE

Oui, c'est un véritable défi à notre narcissisme, une
blessure supplémentaire à l'Homme.

Etre psychanalyste c'est tout d'abord reconnaître
l'existence de l'inconscient. A ce sujet, nous pouvons imaginer un futur avec des écoles ne travail-
lant pas avec l'inconscient !

FREUD

Impensable.

LE PSYCHANALYSTE

Cette notion d'inconscient restera un socle pour les
analystes car il aura bien été étudié au travers des
décennies.

Attention aussi à ne pas rester à ce que nous connaissons déjà puisqu'il faut bien avouer que cela est commode. Il y a une sécurité certaine à rester dans le connu, le déjà exploré, il y a des indicateurs, des certitudes, des auteurs ce qui est, certes, confortable, mais attention à la dogma !

FREUD

Bien bien.

LE PSYCHANALYSTE

La leçon que l'on peut retenir de vos écrits, pas simple à lire, c'est votre aptitude à questionner vos propres écrits, votre capacité à vous remettre en question. Vous questionnez votre propre affirmation et, par conséquent, vous nous invitez également à nous remettre en question.

FREUD

C'est, naturellement, le devoir du psychanalyste de s'interroger constamment.

LE PSYCHANALYSTE

Ce n'est hélas pas toujours le cas.

FREUD

Cela me fait penser à une lettre que j'avais écrite à J.J. Putnam en 1913, je lui disais déjà que j'avais probablement eu tort d'espérer que la psychanalyse n'ait pas contribué à la formation du caractère des analystes !

LE PSYCHANALYSTE

C'est effectivement bien dommage.

Je pense cependant que l'appellation de notre école a eu une incidence sur ce plan.

FREUD

Que voulez-vous dire ?

LE PSYCHANALYSTE

Pour illustrer ma pensée, je reviendrais à Charles Baudouin et à son institut de Genève fondé en 1924. Il a, délibérément, fondé un institut et non une école comme la nôtre.

FREUD

Et donc ?

Une école suit la pensée du maître et un institut cultive, fait de la recherche, développe une pensée, a un sens d'ouverture, innove, questionne.

Il faudra éviter que notre groupe se fige ou se ferme comme cela arrive trop souvent !

FREUD

Espérons que notre groupe du futur saura négocier avec la pulsion de mort afin de ne pas détruire notre école.

LE PSYCHANALYSTE

Pour synthétiser ma pensée, nous avons tout d'abord parlé de la partie immuable puis de la partie évolutive de la psychanalyse.

FREUD

On espère donc que la psychanalyse est un peu plus grande que les institutions qui essaient de la contenir !

LE PSYCHANALYSTE

Professeur, c'est admirablement bien dit.

J'ai un autre point qui me vient à l'esprit. Il est, à espérer, qu'au XXIe, nos collègues n'auront pas ce poids « historique » que nous avons aujourd'hui.

En effet, à force d'étudier toute l'histoire des théories analytiques et de devoir apprendre les divers courants, il reste peu de temps pour penser à l'actuel.

FREUD

Voyons !

LE PSYCHANALYSTE

Et j'ajouterai ne pas être loyal !

FREUD

C'est effectivement plus sain.

LE PSYCHANALYSTE

Ils ne connaitront peut-être pas l'heure de gloire de la psychanalyse, parce qu'il est vrai que la psychanalyse devient une science qui a de plus en plus d'impact aujourd'hui. Mais ils bénéficieront de la rigueur de la formation dans cette société qui se prépare, sans cadre où tout est possible.

FREUD

Oui, nous en parlions auparavant.

LE PSYCHANALYSTE

Une partie d'eux-mêmes sera ancrée dans cette théorie et cette cohérence et l'autre partie leur permettra d'y échapper pour guider des patients sans point de repère.

FREUD

Ils seront certainement dans une société trop individualiste.

LE PSYCHANALYSTE

Oui et c'est pour cela que les patients viendront chercher des axes. Peut-être les analystes devront-ils faire de la psychagogie.

FREUD

Qu'est-ce dont que cela ?

LE PSYCHANALYSTE

Avec un moment d'hésitation.

Pour citer, une fois de plus, Charles Baudouin : « Psyché, âme et ago, je conduis »...

Cette fonction de psychagogue sera fondamentale.
Sans pour autant définir la vérité, il aidera les gens
à élaborer leurs axes dans lesquels ils pourront se
construire !

FREUD

En fait, selon vous, la problématique changera, les
matériaux changeront et les outils pour traiter ces
matériaux changeront également ?

LE PSYCHANALYSTE

Je suis certain que nos collègues sauront prendre
cela en compte tout en gardant les fondements
c'est-à-dire l'inconscient qui, lui, n'aura pas fonda-
mentalement changé.

FREUD

L'épigénèse fait que le milieu permettra de développer telle ou telle capacité.

LE PSYCHANALYSTE

Il faudra construire dans un monde en perpétuel
changement où l'humain n'aura plus sa place... On
parlera de trans-humanisme, de réalité augmentée,
même de réalité-virtuelle ! Quel beau non-sens, une
réalité qui n'est que virtuelle, mais qui existe ! Il
faudra être attentif et mettre l'humain au centre !

FREUD

Mettre l'humain au centre du monde.

LE PSYCHANALYSTE

Oui et à commencer par l'enfant.

FREUD

Le cadre sera tyrannique car il faudra faire son propre bonheur, se poser ses propres questions, faire ses propres choix sans être aidé par le groupe !

LE PSYCHANALYSTE

Les psychanalystes devront répondre aux questions du temps, ils devront prendre parole, être curieux, ne pas rester uniquement dans la lumière et aller à la rencontre de l'ombre.

FREUD

Et surtout ne pas suivre ma pensée exclusivement ! Ne pas seulement me rendre hommage mais inno-ver tout de suite sans forcément montrer leur rat-tachement à moi !

LE PSYCHANALYSTE

Effectivement, il ne doit pas y avoir de réticence à penser ou à innover !

FREUD

Au XXe, la grande découverte de la psychanalyse aura été l'inconscient.

LE PSYCHANALYSTE

Oui et nous pourrions l'appeler l'« inconscient historique » Je crois que la découverte du XXIe sera, peut-être, l'« inconscient dynamique » tout en gardant les fondements.

FREUD

Il semble maintenant évident que l'inconscient sera évolutif !

LE PSYCHANALYSTE

Il sera certainement individuel, groupal et sociétal tout en se contenant dans un individu !

FREUD

Cela est juste mais que d'évolution vous suggérez !

Souhaitons que cette évolution se fasse pour le meilleur de la psychanalyse et des patients.

XI

La figure paternelle

FREUD

Je me demande, après ce que nous venons de débattre, ce que penseront de moi les patients du futur ?

LE PSYCHANALYSTE

Et les freudiens du futur.

FREUD

Mais que voulez-vous dire ? Il n'y a qu'un seul freudien... Freud, c'est logiquement moi !

LE PSYCHANALYSTE

Effectivement, mais nous constatons que la psychanalyse devient planétaire malgré les dissensions que nous avons connues.

D'autres approches menées par Jung ou Adler nous montrent qu'il existera certainement plusieurs psychanalyses et que chaque leader aura sa place particulière !

FREUD

Un peu sceptique.

N'exagérons rien...

LE PSYCHANALYSTE

On pourra assez logiquement se poser la question de ce que les fils de Freud feront du complexe d'Œdipe ?

FREUD

Mmmhhhh...

LE PSYCHANALYSTE

Ou ce que les fils de Freud feront de la horde primitive et du Père qui se réserve toutes les femmes ou tout le savoir ?

FREUD

Cela ne devrait pourtant pas avoir lieu dans notre domaine, puisque nous connaissons le fonctionnement de l'humain.

LE PSYCHANALYSTE

Certes, mais il y a un pas entre la théorie et la pratique, un fossé parfois entre la savoir et le pouvoir.

Et à quel moment les fils de Freud accepteront-ils de le dépasser ? En effet, nous pourrions dire en plaisantant « que si nos enfants ne nous dépassent pas, alors dans trois générations, nous serons de retour dans les cavernes ».

FREUD

Mais la figure du Père peut être un modèle ou une référence.

LE PSYCHANALYSTE

Certes, mais il est fort probable que le système évolue. Nous pouvons, par exemple, imaginer une formation plus spécifique avec une analyse personnelle à raison de quatre séances par semaine durant plusieurs années.

FREUD

C'est vrai que cela nous ne l'avons encore quasi jamais expérimenté.

LE PSYCHANALYSTE

Effectivement, cela reviendrait à donner une tour-
nure élitiste à la psychanalyse. Il faudrait faire plus
de la même chose pour que cela soit mieux !

FREUD

C'est vrai que souvent, le travail est concentré.

LE PSYCHANALYSTE

Oui et n'oublions pas que cela permet d'initier
quelque chose. J'imagine que chaque génération
d'analyste ajoutera une couche d'exigences, sans
remettre en question le système.

FREUD

En souriant.

Un peu comme un ministre qui fait sa réforme, qui
est mieux que la précédente, bien sûr ; qui produit
une nouvelle règle, mais qui ne supprime pas la
précédente.

A la fin, quel empilement de règles, de procédures
et de contraintes nous trouvons !

LE PSYCHANALYSTE

Il serait donc important que nos collègues du futur,
à un moment donné, repensent tout cela et donnent
une garantie de transmission et de liberté !

FREUD

J'espère bien qu'ils ne feront pas de la psychanalyse un système réservé à une élite.

LE PSYCHANALYSTE

Il faudra effectivement faire attention à ce qu'ils
ne soient pas aveuglément dévoués et qu'ils n'essaient pas de faire plus que ce que vous avez ac-
compli.

FREUD

En rigolant.

Qu'ils s'inspirent de mes recherches oui mais qu'ils
entrent en dévotion et en idolâtrie alors non ! Ils
n'auront le choix que de tuer le Père.

LE PSYCHANALYSTE

Ils devront effectivement s'inspirer mais surtout
faire autre chose afin que la clinique puisse continuer à profiter à nos patients.

Comme je le disais auparavant, Œdipe nous enseigne qu'il faut laisser grandir ses enfants qui seront plus grands et plus forts. Ils nous dépasseront et cela nous devons l'accepter pour ne pas tomber dans l'immobilisme.

FREUD

Si je devais délivrer mon message, il serait le suivant : mes chers collègues du futur, n'ayez pas l'angoisse du temps qui passe et ne vous rattachez pas à moi.

LE PSYCHANALYSTE

Et prenez en compte les changements de paradigmes de la société qui ne sera plus la même ainsi que de ce que j'ai appelé le méta-cadre.

D'avance excusez-moi, mais Jung a justement dit « apprenez et oubliez tout ».

De son côté Baudouin a été encore plus loin en disant « l'alternative Freud et Jung doit être dépassée, nous devons être pour la psychanalyse » et il ajoutait avec humour « C'est comme si on vous demandait : Etes-vous pour Newton ou pour Einstein ? A quoi il n'est qu'une seule réponse : Je suis pour la physique ».

Etre psychanalyste, c'est s'engager dans un perpétuel mouvement d'ouverture et de recherche personnelle.

FREUD

Souhaitons qu'ils fassent évoluer la technique.

LE PSYCHANALYSTE

En particulier que l'analyste s'adapte au patient et qu'il conduise l'âme comme le proposait Baudouin avec la psychagogie. Il faudra reconstruire le patient sans vouloir à tout prix, le faire entrer dans le cadre.

Pour en revenir à la question de nos collègues du futur, il me semble important d'aborder la notion de pouvoir !

FEUD

A quoi pensez-vous ? Pas encore au totalitarisme tout de même ?

LE PSYCHANALYSTE

Avouons que nous n'avons pas suffisamment travaillé la question du pouvoir car nous l'avons un peu exclue.

Pouvoir de l'amour ou amour du pouvoir ? J'ai l'impression que, par moment, nous avons trop souvent raison. Assez logiquement, celui qui a raison n'a pas besoin de se poser la question du pouvoir. C'est la raison qui lui donne du pouvoir.

FREUD

Nous ne sommes pas aveugles à ce point tout de même. N'exagérez pas, cher collègue ! N'oubliez pas que nous avons beaucoup apporté sur le plan culturel et philosophique avec une nouvelle vision du monde !

LE PSYCHANALYSTE

Vous avez parfaitement raison Professeur... et je dois bien avouer que je me suis sans doute laissé enivrer de ce savoir au point d'oublier d'être vigilant !

FREUD

Mmmhhhh...

LE PSYCHANALYSTE

J'ajouterai que le savoir qui n'est pas d'accord de se faire interroger par les savoirs parallèles devient un totalitarisme. Toute science doit accepter d'être interrogée par la science d'à côté ! Nous devons entrer dans ce dialogue.

FREUD

Souhaitons que notre mouvement en soit conscient.

LE PSYCHANALYSTE

Il le sera certainement !

FREUD

Après quelques secondes d'hésitation.

Bien, cher collègue, voilà plus de 3h00 que nous conversons. Il est temps que je rentre chez moi retrouver les miens.

LE PSYCHANALYSTE

C'est avec plaisir que je vous ai reçu et j'espère que vous avez trouvé des réponses à vos questions. Je reste, bien naturellement, à votre disposition.

FREUD

Je vous en remercie.

Freud se redresse doucement et s'assied un instant sur le bord du divan. Il semble fatigué par cette longue discussion d'autant plus qu'elle le renvoie à cette première rencontre avec Jung qui dura près de 13h00 ! Etrange lien pense-t-il.

Il se lève et avance en direction de la porte. L'analyste le suit. Freud met sa main dans sa poche et en retire son portemonnaie, quelques Schillings dépassent.

LE PSYCHANALYSTE

Vous n'y pensez pas Professeur.

FREUD

Bien naturellement, cela fait partie de l'analyse et vous le savez.

LE PSYCHANALYSTE

Permettez-moi, une fois de plus, de sortir du cadre et refuser le paiement de cette séance. Il est normal de nous entraider.

FREUD

Dans ce cas, j'accepte dit-il en souriant.

Freud remet son portemonnaie dans sa poche et ajuste son chapeau. L'analyste lui propose de l'accompagner jusqu'à la sortie. En chemin, Freud dépose discrètement quelques Schillings sur un meuble.

Les deux hommes se serrent la main sur le pas-de-porte et Freud descend très lentement les trois étages. Une fois en bas, il allume un « Trabuccos » et marche en direction de la Bergasse tout en laissant son esprit flâner. Il se dit que si les gens du futur ne croient plus à la psychanalyse, c'est qu'ils ont des raisons inconscientes à cela et qu'ils ont tout intérêt à en reprendre une sérieuse tranche !

Amusé par sa propre réflexion, il s'arrête quelques instants sur un banc de la Ringstrasse avant de reprendre son chemin.

De son côté, l'analyste, assis dans son fauteuil, se remémore cette incroyable séance. En son for intérieur, il doit bien avouer que son maître a une intelligence convaincante, une présence affective, une largeur d'esprit et une autorité rigoureuse.

Une fois arrivé chez lui, Freud se remet, comme à son habitude, à son bureau. Il ne peut cesser de penser à la guerre, à la folie du monde et se sent au bout de sa logique individuelle.

L'analyse de l'individu n'a pas eu d'effet sur le groupe, l'analyse n'a pas été utile au fonctionnement humain, l'enfant n'est pas coupable de tout ! Que feront les analystes du futur de tout cela ?

Son épouse, Martha, frappe à la porte de son bureau et lui rappelle leur départ imminent pour l'Angleterre. En mai, il a déjà appris qu'il obtiendrait pour lui et sa famille des visas de sortie. Il se souvient des aides précieuses de la Princesse Marie et d'Ernset Jones ainsi que de l'intervention personnelle de Franklin Roosevelt. Il ne peut pas les décevoir.

Le samedi 4 juin 1938, Freud, Martha et leur fille Anna quittèrent Vienne où ils avaient passé 79 ans. L'accueil enthousiaste des Londoniens fit beaucoup de bien à Freud. Il y rencontra, plus tard, certains de ses disciples comme Max Eitingon, des peintres et des écrivains comme Stefan Zweig et Salvador Dali mais il n'oublia jamais le psychanalyste viennois chez qui il était allé déposer ses craintes sur le futur.

L'AUTEUR

Jean-Christophe Bétrisey est psychanalyste. Il est membre de l'Institut International de Psychanalyse et de Psychothérapie Charles Baudouin et ancien membre du conseil de direction international ainsi que de la présidence du groupe suisse, membre associé de la Société Internationale de Psychanalyse Multidisciplinaire, membre de la Fédération suisse des Psychologues et membre du International Network for the Study of Waking Dream Therapy.

Fondateur d'EcoutAdom - consultations psychiatriques et psychothérapeutiques à domicile pour les personnes âgées -, il s'intéresse également de près aux gérontechnologies.

Il a fondé en 2017 la « Collection du divan » sur lequel s'allongent des personnages célèbres comme Louis Kahn ou Sigmund Freud. De nombreux autres ouvrages sont actuellement en préparation.

En 2017 également, il a été l'un des lauréats des personnalités qui font la Suisse romande.

Régulièrement dans la presse pour des questions psychologiques, d'actualité ou de société, il a écrit plusieurs articles scientifiques ainsi que des livres.

REMERCIEMENTS

Mme Séverine de Moerloose,
Mme Monique Vuignier, Mme Evelyne Lucain,
Mme Cécile Lamon, Dr. Jean-Luc de Moerloose,
M. Pascal Milette.

CRÉDIT PHOTO

p.62 - 63 : Mythe d'Œdipe (Société Shutterstock)

Collection du
DiVan